CUAN PLEGUE O COLAPSO

CUANDO LLEGUE EL COLAPSO

COLECCIÓN MARETA, 7

CUAN PLEGUE O COLAPSO

CUANDO LLEGUE EL COLAPSO

Lucía López Marco

Premio Arnal Cavero 2022 d'o Gubierno d'Aragón

Desinyo de cubierta: Gara d'Edizions

Primera edición en aragonés –en coedición con o Gubierno d'Aragón–: noviembre, 2022
Segunda edición bilingüe: marzo, 2024
Tercera edición bilingüe: marzo, 2026

GARA D'EDIZIONS
Avda. Navarra, 8
E–50010 Zaragoza
www.garadedizions.com
e–mail: gara@garadedizions.com

I.S.B.N.: 978-84-8094-707-7
Deposito legal: Z 416-2024

Impresión: Huella Digital

A la mía filla

"(...) Ye bueno recordar que Muller Celeste, cuan cayó t'o mundo, no veniba sola. Yera embrazada. Sabendo que os suyos nietos heredarían o mundo, precuró que os beneficios d'os suyos cudiaus s'alongasen más que no a suya propia estancia en él. Os immigrans se tornoron indichenas en a relación de reciprocidat con a tierra, en o dar y o recibir. Toz nusotros nos tornamos nativos d'un puesto cuan actuamos como si o futuro d'os nuestros fillos importase, cuan cosiramos d'a tierra como si as nuestras vidas, as materials y as espirituals, dependesen d'ello."

Braiding Sweetgrass: Indigenous Wisdom, Scientific Knowledge, and the Teachings of Plants. Robin Wall Kimmerer

"(...) Es bueno recordar que Mujer Celeste, cuando cayó al mundo, no venía sola. Estaba embarazada. Sabiendo que sus nietos heredarían el mundo, procuró que los beneficios de sus cuidados se prolongasen más que su propia estancia en él. Los inmigrantes se volvieron indígenas en la relación de reciprocidad con la tierra, en el dar y el recibir. Todos nosotros nos volvemos nativos de un lugar cuando actuamos como si el futuro de nuestros hijos importara, cuando cuidamos de la tierra como si nuestras vidas, las materiales y las espirituales, dependieran de ello".

Una trenza de hierba sagrada. Robin Wall Kimmerer

Introducción

Istas parolas que aquí te comparto las he escritas en os primers días d'o verano de 2022. Han siu días de minchar y dormir poco, d'escribir muito y de redir-nos muito chuntas.

No se cómo será o mundo cuan tu tiengas edat de leyer istas letras, d'entender-las. Solo aspero que siga millor que no agora. Venimos d'un hibierno ixuto y largo, marcau por l'escomencipie d'una guerra, atra más a sumar a un listau que se fa cada vez más gran y insuportable... Fa menos d'un anyo os talibán tornaban t'o poder en Afganistán, negando tantas cosas a tantas mullers... Y aquí as ideas masclistas tamién puyan cada día más a voz y van contaminando más ments.

Filla mía,
ni tu ni yo,
ni garra muller,
somos menos que garra ombre.
No lo xublides nunca.

Venimos d'un mundo an que o papel d'as mullers ha estau invisibilizau por sieglos y agora bi ha qui nos quiere callar, qui nos quiere negar a felicidat, a independencia.

Pero no nos dixaremos.

Tu, que encara no tiens dos anyos, naixiés en o preto d'una pandemia mundial. O día que teneba a revisión d'as 12 semanas estió o primer día de confinamiento. Yo te cantaba cancions sin poder salir de casa, y tu me dabas asperanza en un mundo amedrentau, incierto, inseguro... Ta par d'alavez, yo ya te charraba en ista luenga semimuerta en a que tu y yo charramos. Semimuerta porque la somos matando, porque la charramos poca chent y bi ha poco u mal dialogo.

Introducción

Estas palabras que aquí te comparto las he escrito en los primeros días del verano de 2022. Han sido días de comer y dormir poco, de escribir mucho y de reírnos mucho juntas.

No se cómo será el mundo cuando tú tengas edad de leer estas letras, de entenderlas. Solo espero que sea mejor que ahora. Venimos de un invierno seco y largo, marcado por el comienzo de una guerra, otra más a sumar un largo listado que se hace cada vez más grande e insoportable... Hace menos de un año los talibán volvían al poder en Afganistán, negando tantas cosas a tantas mujeres... Y aquí las ideas machistas también levantan cada día más la voz y van contaminando más mentes.

Hija mía,
ni tú ni yo,
ni ninguna mujer,
somos menos que ningún hombre.
No lo olvides nunca.

Venimos de un mundo en el que el papel de las mujeres ha estado invisibilizado durante siglos, y ahora hay quien nos quiere callar, quien nos quiere negar la felicidad, la independencia.

Pero no nos dejaremos.

Tú, que aún no tienes dos años, naciste en medio de una pandemia mundial. El día que tenía la revisión de las 12 semanas fue el primer día de confinamiento. Yo te cantaba canciones sin poder salir de casa, y tú me dabas esperanza en un mundo asustado, incierto, inseguro... Para entonces, yo ya te hablaba en esta lengua semimuerta en la que tú y yo hablamos. Semimuerta porque la estamos matando, porque la hablamos poca gente y hay poco o mal diálogo.

Tu no dixes de charrar-la, encara que siga con tu mesma. Porque lo important d'as luengas ye charrar-las, conservar-las y comunicar-se con ellas.

A todas istas cosas fieras que te soi contando, cal adhibir que iste verano, que no ha feito que escomencipiar, somos batindo records de temperaturas. Somos en un momento d'emerchencia climatica grieu en o que no sabemos si os nuestros ecosistemas, d'os que femos parte, podrán adaptar-se a os cambeos que son por venir-ie, si podremos adaptar-nos, con as plantas y os animals, a lo que vienga.

Somos a las puertas d'un colapso, pero encara somos a tiempo: de plantar futuro, de sonear dispiertas, de sentir a felicidat en os nuestros cuerpos, en os nuestros rostros.

Porque iste mundo fiero ye muit poliu. Tenemos os abellarue-los que nos saludan cada maitín, os esparvels que te fa asabelo goyo sinyalar, a voleta que nos aspera cuan tornamos ta casa, as gallinas en a era, os gatos d'o vecín, os cans d'o lugar, as vacas que fan *muuu*, as flors d'os balcons que tanto te cuacan, y astí difuera t'aspera un mundo entero pleno de curiosidaz y cosas polidas. Te-nemos tanta vida, tantos secretos, tantos remedios ancestrals pa recuperar iste planeta…

Porque podemos fer-lo. Podemos trobar l'equilibrio, adaptar-nos a o cambeo. Ser libres como os nomadas de Mongolia, como os tucans de Bolivia.

Vivimos en un mundo fiero pero muit beroyo. Y tu, tu yes l'asperanza que torna en futuro iste territorio.

Tú no dejes de hablarla, aunque sea contigo misma. Porque lo importante de las lenguas es hablarlas, conservarlas y comunicarse con ellas.

A todas estas cosas feas que te estoy contado, hay que añadir que este verano, que solo acaba de comenzar, estamos batiendo récords de temperaturas. Estamos en un momento de emergencia climática grave en el que no sabemos si nuestros ecosistemas, de los que formamos parte, podrán adaptarse a los cambios que están por venir, si podremos adaptarnos, con las plantas y los animales, a lo que venga.

Estamos a las puertas de un colapso, pero aún estamos a tiempo: de plantar futuro, de soñar despiertas, de sentir la felicidad en nuestros cuerpos, en nuestros rostros.

Porque este mundo feo es muy bonito. Tenemos los abejarucos que nos saludan cada mañana, los milanos que te encanta señalar, el alimoche que nos espera cuando volvemos a casa, las gallinas en la era, los gatos del vecino, los perros del pueblo, las vacas que hacen *muuu*, las flores de los balcones que tanto te gustan, y ahí fuera te espera un mundo entero lleno de curiosidades y cosas bonitas. Tenemos tanta vida, tantos secretos, tantos remedios ancestrales para recuperar este planeta...

Porque podemos hacerlo. Podemos encontrar el equilibrio, adaptarnos al cambio. Ser libres como los nómadas de Mongolia, como los tucanes de Bolivia.

Vivimos en un mundo feo pero muy hermoso. Y tú, tú eres la esperanza que convierte en futuro este territorio.

Tu

Tú

TU

Tu creixiés en a tierra d'o mío vientre,
yeras simient
y enradigués en a mía matriquera,
en a mía madre.

Yo sentiba o tuyo traquiar en o de yo,
y un melicallo d'amor nos uniba
fendo-nos una.

Pero nos separoron.

En un mundo a o canto d'o colapso
tu no querebas abandonar
a seguridat d'a matria
y t'habioron de rancar de yo.

Tu tiens, pa cutio, a encarnadura d'o melicallo crebau,
yo lo costurón d'un utero trencau
que no quereba dixar d'abrazar-te.
D'una ferida que nos salvó a vida,
que nos dió a vida,
a las dos.

Y encara que ya no te muevas aintro de yo,
o mío corazón ya no traquitía solenco
agora solo sabe fer-lo
a o ritmo tuyo.

TÚ

Tú creciste en la tierra de mi vientre,
eras semilla
y enraizaste en mi matriz,
en mi madre.

Yo sentía tu latir en el mío,
y un cordón umbilical de amor nos unía
haciéndonos una.

Pero nos separaron.

En un mundo al borde del colapso
tú no querías abandonar
la seguridad de la matria
y te tuvieron que arrancar de mí.

Tú tienes, para siempre, la encarnadura del cordón roto,
yo el costurón de un útero roto
que no quería dejar de abrazarte.
De una herida que nos salvó la vida,
que nos dió la vida,
a las dos.

Y aunque ya no te muevas dentro de mí,
mi corazón ya no late solo
ahora solo sabe hacerlo
al ritmo tuyo.

NUSOTROS

Naixiemos d'una nueit d'estrelas,
d'una manifestación d'a naturaleza,
d'un cosmos d'ideyas
fundidas en un soneo.

Naixiemos.
Y como tot lo que naixe, moriremos.

Serán cancion os nuestros ecos
en a larga aspera.
As nuestras voces serán viento
cuan as enrone a tierra.

Y en a infinidat d'o cosmos, en a imprecisión d'o tiempo,
en un minusclo espacio, en un imperceptible momento,
habremos siu tu y yo.

Y solo quedará o rastro que os atomos de carbono dixen
y o ricuerdo
de que un día
tu y yo existiemos
fundius en un beso
que transformó en vida a nuestra enerchía.

NOSOTROS

Nacimos de una noche de estrellas,
de una manifestación de la naturaleza,
de un cosmos de ideas
fundidas en un sueño.

Nacimos.
Y como todo lo que nace, moriremos.

Serán canción nuestros ecos
en la larga espera.
Nuestras voces serán viento
cuando las cubra la tierra.

Y en la infinidad del cosmos, en la imprecisión del tiempo,
en un minúsculo espacio, en un imperceptible momento,
habremos sido tú y yo.

Y solo quedará el rastro que los átomos de carbono dejen
y el recuerdo
de que un día
tú y yo existimos
fundidos en un beso
que transformó en vida nuestra energía.

A VOLETA

Una voleta sulca o ciel
con o suyo pico amariello,
una nina que se la mira
creye veyer o mundo entero.

Viachando sobre as suyas alas
con os dos brazos bien ubiertos,
sonea que abraza o planeta,
que ixamena paz con o viento

O suyo pel y o sol se delen
dando-les luz a os uellos ciegos
A suya voz se torna canto
que fa plever en os desiertos

Cuan as fuellas cayen d'os árbols
a voleta contina o vuelo
t'as leixanas tierras d'o sud
seguindo o camín de l'agüerro

Con o suyo plumache blanco
tornará dimpués de l'hibierno
y esnavesando a peninsula
te trayerá soneos nuevos.

EL ALIMOCHE[1]

Un alimoche surca el cielo
con su pico, amarillento,
una niña que lo contempla
cree observar el mundo entero.

Viajando sobre su par de alas
con los dos brazos bien abiertos,
sueña que abrazan el planeta,
que difunden paz con el viento.

Su cabello y el sol se funden
dando luz a los ojos ciegos.
Su voz se convierte en un canto
que hace llover en los desiertos.

Cuando las hojas al fin caen,
el alimoche sigue el vuelo
a lejanas tierras al sur
el otoño marca el sendero.

Con su plumaje color blanco
volverá después del invierno
y atravesando la península
pronto te traerá sueños nuevos.

---

[1] En la traducción de este poema se ha priorizado conservar la rima y la métrica, y aunque se conserva el sentido del poema original, no es una traducción exacta del aragonés, sino aproximada.

EN ISTE MUNDO INCIERTO

En iste mundo incierto
yo solo sé una cosa
que lo que más quiero
ye que sigas feliz.

Que sientas a vida
que te capuces en a calor d'a selva
que te manches os didos cullindo moras salvachinas
que t'embolique a ulor d'o romero
que te dixe sin aire o repicar infinito d'alas d'un colibrín
que descubras d'entre o ramizo os uellos d'a cholibeta.

Que veigas o mundo.
Que ames y t'amen.

Que nunca no xublides
que yes o resultau d'una ecuación feita
de cheneracions d'amor
que vencioron o tiempo dixando a suya simient en ista tierra.

EN ESTE MUNDO INCIERTO

En este mundo incierto
yo solo sé una cosa
que lo que más quiero
es que seas feliz.

Que sientas la vida
que te zambullas en el calor de la selva
que te manches los dedos cogiendo moras salvajes
que te enmarañe el olor del romero
que te deje sin aire el repicar infinito de alas de un colibrí
que descubras entre las ramas los ojos del autillo.

Que veas el mundo.
Que ames y te amen.

Que nunca olvides
que eres el resultado de una ecuación hecha
de generaciones de amor
que vencieron el tiempo dejando su semilla en esta tierra.

A luenga

La lengua

UNA LUENGA DE MULLERS

A ormino
l'aragonés me pareix una luenga d'ombres:
solo apareixen que os suyos nombres
solo que ellos ocupan puestos
Ellos, ellos, ellos.

As suyas formas egocentricas
y masculinas
colapsan a luenga.

Y alavez,
cuan me pregunto qué foi yo
charrando-te en ista luenga d'hombres
—d'os hombres d'os cincocientos bandos que ellos han inventau
pa construyir una luenga d'intereses individuals—
paro cuenta
de que l'aragonés
ye una luenga de mullers.

Porque somos nusotras
las que cosiramos
—plantamos,
regamos,
compartimos—
istas parolas.
Nusotras,
las que perpetuamos a suya existencia
por os sieglos d'os sieglos.
Las que la transmitimos
dende as nuestras nanas,

UNA LENGUA DE MUJERES

A menudo
el aragonés me parece una lengua de hombres:
solo aparecen sus nombres
solo ellos ocupan puestos
Ellos, ellos, ellos.

Sus formas egocéntricas
y masculinas
colapsan la lengua.

Y entonces,
cuando me pregunto qué hago yo
hablándote en esta lengua de hombres
—de los hombres de los quinientos bandos que ellos han inventando
para construir una lengua de intereses individuales—
me doy cuenta
de que el aragonés
es una lengua de mujeres.

Porque somos nosotras
las que cuidamos
—plantamos,
regamos,
compartimos—
estas palabras.
Nosotras,
las que perpetuamos su existencia
por los siglos de los siglos.
Las que la transmitimos
desde nuestras nanas,

dende os nuestros traquitos,
a traviés de l'arte d'a lactancia,
a traviés d'a machia de l'utero.

Porque as luengas,
filla mía,
prencipian a aprender-se en a madre.
En a mutilada, castigada y humillada
anatomía femenina.
Por ixo as luengas
son maternas.

Y mientras ellos barallan
movius por os suyos egos,
nusotras teiximos parolas,
versos,
vidas,
territorios.

Ellos matan a luenga,
nusotras
—dende o nuestro silencio,
invisibles—
la conservamos.

desde nuestros latidos,
a través del arte de la lactancia,
a través de la magia del útero.

Porque las lenguas,
hija mía,
comienzan a aprenderse en la madre.
En la mutilada, castigada y humillada
anatomía femenina.
Por eso las lenguas
son maternas.

Y mientras ellos pelean
movidos por sus egos,
nosotras tejemos palabras,
versos,
vidas,
territorios.

Ellos matan la lengua,
nosotras
—desde nuestro silencio,
invisibles—
la conservamos.

ISTAS PAROLAS

Istas parolas
que salen d'a mía boca,
ista luenga
con a que t'ubro a puerta,
son l'herencio ancestral
d'as pastoras que habitoron istas tierras
antes que no nusotras,
que devantoron istas bordas, istas casas,
que nos cobixan.

Iste idioma que tu y yo charramos
que nunca no te faiga vergüenya.
Nunca no dixes
que se'n ridan de tu por charrar en ista luenga.

Por que ista fabla
ye a sistole immortal que fa traquitiar istas montanyas.

ESTAS PALABRAS

Estas palabras
que salen de mi boca,
esta lengua
con la que te abro la puerta
son la herencia ancestral
de las pastoras que habitaron estas tierras
antes que nosotras,
que levantaron estas bordas, estas casas,
que nos cobijan.

Este idioma que tú y yo hablamos
que nunca te dé vergüenza.
Nunca dejes
que se rían de tí por hablar en esta lengua.

Porque este habla
es la sístole inmortal que hace latir estas montañas.

TA DÓ VAN?

Si tot se transforma...
Dó van a aturar as parolas extintas,
as morisquetas de yaya,
as voces perdidas?

En qué se convierten
as luengas muertas
si no ye silencio
a respuesta?

Serán os fonemas
atomos d'hidrocheno
volando en l'atmosfera?

En qué se tornarán os idiomas
o día que dixamos
de charrar-los as personas?

¿ADÓNDE VAN?

Si todo se transforma…
¿Dónde van a parar las palabras extintas,
las caricias de la yaya,
las voces perdidas?

¿En qué se convierten
las lenguas muertas
si no es silencio
la respuesta?

¿Serán los fonemas
átomos de hidrógeno
volando en la atmósfera?

¿En qué se convertirán los idiomas
el día que dejemos
de hablarlos las personas?

EN A MUGA D'O COLAPSO

Qué parolas nos quedan ya
d'as que feban servir antesmás?

Quí las recullirá y alzará,
quí ferá con ellas plantero
pa ixamenar-las por campos de luengas d'hordio?
Quí fera un animalario sonoro con ellas
pa sentir-las, veyer-las, amar-las...

Quí nombrará a os esquirgüelos con ista voz?
Y a fuinas, crabas y truitas...

Quí dirá pipirigallo,
boliche, panizo, bisalto...?

Di-me, quí nos cantará nanas,
xotas y albadas.

Quí ixamenará simients que son parolas,
parolas que son simients,
que son futuro,
que son luenga y territorio.

Quí embalsamará toda ista cultura
navatiando en a muga d'o colapso?

EN EL LÍMITE DEL COLAPSO

¿Qué palabras nos quedan ya
de las que en otro tiempo se empleaban?

¿Quién las recogerá y guardará,
quién hará con ellas semillero
para sembrarlas por campos de lenguas de cebada?
¿Quién hará un animalario sonoro con ellas
para oírlas, verlas, amarlas…?

¿Quién nombrará a las ardillas con esta voz?
Y a garduñas, cabras y truchas…

¿Quién dirá esparceta,
alubia, maíz, guisante…?

Dime, quién nos cantará nanas,
jotas y alboradas.

Quién esparcirá semillas que son palabras,
palabras que son semillas,
que son futuro,
que son lengua y territorio.

¿Quién embalsamará toda esta cultura
navegando en el límite del colapso?

O territorio

El territorio

SOLSTICIO

En a nueit más curta, toca as estrelas,
plena-te d'aspigas o corazón.
Recita parolas en ista luenga
y baila con rasmia ista canción.

Cosira a sapencia d'as nuestras güelas,
recita a monico cada oración.
Clama a las broixas con roldes de piedras,
siente os consellos d'os viellos pastors.

Chura leyaltat a viellas oliveras,
reconta-le a o taixo os tuyos amors.
Atrapacia a dalla y replega a cesta,
aguarda a que a luz marche a amagatons

Reculle as malvas, as rosas y a menta,
alza d'o sabuquero as suyas flors.
Dixa o ramo chunto a la chaminera,
que s'ixuque con a suya calor.

Brinca y purifica-te en o fuego d'as cheras,
crema os malsuenios en o fumo d'o tizón.
Mira de trobar un teflón de cuatro fuellas
que en ista nueit de machia ye posible tot

Y antes que no brile o sol
troba a la mora en l'ibón...

SOLSTICIO[2]

La noche más corta, toca los astros,
llénate de espigas el corazón.
Recita en esta lengua los vocablos
y baila con ímpetu esta canción.

Custodia el saber de nuestras abuelas,
recita despacio cada oración.
Llama a las brujas con corros de piedras,
sigue el consejo de un viejo pastor.

Jura lealtad a los viejos olivos,
háblale al tejo sobre tus amores.
Prepara la hoz, recoge el cestillo,
deja que la luz se marche sin que se note.

Recoge las malvas, rosas y menta,
guárdate del saúco todas sus flores.
Deja el ramo junto a la chimenea,
para que se seque con sus calores.

Salta, purifícate en el fuego y las piras,
haz arder en la humareda las pesadillas.
Trata de encontrar un trébol cuatrifoliado
que en esta noche de magia es posible todo

Y antes de que el sol salga
encuentra en el lago al hada...

---

[2] En la traducción de este poema se ha priorizado conservar la rima y la
métrica, y aunque se conserva el sentido del poema original, no es una traduc-
ción exacta del aragonés, sino aproximada.

A PRIMAVERA

A matria ye un niedo
de ricuerdos.
A ulor a mil flors
que inspira a la razón.
As vacas
fendo montanya,
o zumbiu d'as abellas
cantando-nos a primavera.
Una zaragata de fuellas
abrigando os caminez en agüerro.
A primera bolisa de l'hibierno.
O zaguer día largo d'o verano.

LA PRIMAVERA

La matria es un nido
de recuerdos.
El olor a mil flores
que inspira a la razón.
Las vacas
haciendo montaña,
el zumbido de las abejas
cantándonos la primavera.
Una algarabía de hojas
abrigando los senderos en otoño.
El primer copo de nieve del invierno.
El último día largo del verano.

FILLO D'O CIEL

Fillo d'o ciel, l'esparvel,
cosirando l'universo
de selvas, bordas de losa
y os nuestros paisaches quiestos.

Él barruntará lo fumo
d'os tan periglosos fuegos
que creman as nuestras tierras,
son tiempos d'orache incierto.

S'amagarán as gallinas
cuan sulque lo firmamento,
buscarán cobixo a escape
temendo lo suyo vuelo.

Sonearán as suyas plumas
os humans soldaus t'o suelo.
Les cuacaría volar,
xublidar os pensamientos.

A suya brempa en a era,
él esvolarcia sereno.
As suyas alas bien firmes,
imponendo gran respeto.

A espiga suya nos marca
o camín d'os suenios nuestros,
os suyos uellos amostran
o nuestro esdevenidero.

HIJO DEL CIELO[3]

Hijo del cielo el milano,
custodiando el universo
de bosques, viejos establos,
queridos paisajes nuestros.

Él presagiará el humo
de tan peligrosos fuegos
que queman todas las tierras,
son tiempos de clima incierto.

Se esconderán las gallinas
al verlo en el firmamento,
buscarán cobijo pronto
asustadas con su vuelo.

Tendrán sueños con sus plumas
los humanos desde el suelo.
Les gustaría volar,
olvidar los pensamientos.

Su sombra sobre la era,
mientras planea sereno.
Sus alas se extienden firmes,
imponiendo un gran respeto.

Con su cola va marcando
el camino a nuestros sueños,

---

[3] En la traducción de este poema se ha priorizado conservar la rima y la métrica, y aunque se conserva el sentido del poema original, no es una traducción exacta del aragonés, sino aproximada.

As suyas colors terrestres
planían por dencima nuestro.
Fillo d'o ciel y d'o sol
l'empenta a fuerza d'o viento.

Fillo d'o ciel, l'esparvel,
cosirando l'universo
de selvas, bordas de losas,
paisaches sagraus y eternos.

sus ojos sinceros hablan
del porvenir que hallaremos.

Con sus colores terrestres,
vuela por encima nuestro.
Hijo del cielo y del sol
le impulsa con fuerza el viento.

Hijo del cielo el milano,
custodiando el universo
de bosques, viejos establos,
paisajes sacros y eternos.

QUÍ

Cuántas simients quedarán en a era
d'a primer simient herederas?

Cómo sería iste paisache
antes de que unas mans no lo domasen?

D'ista fuent, cuántas bocas beberían?
Cuántas voces ista plaza ascuitaría?

Qué plantas, animals y personas
s'alimentarían d'o sustrato que nos alimenta hue a nusotras?

Cuántas plantas, animals y personas
bi pasarán dimpués de que lo faigamos nusotras?

Quí levará flors t'os nuestros muertos
cuan sigamos os muertos d'atros muertos?

Cuánta vida veyerán encara istas piedras
que hue albergan casa nuestra?

QUIÉN

¿Cuántas semillas quedarán en la era
de la primera semilla herederas?

¿Cómo sería este paisaje
antes de que unas manos lo domasen?

De esta fuente, ¿cuántas bocas beberían?
¿Cuántas voces esta plaza escucharía?

¿Qué plantas, animales y personas
se alimentarán del sustrato que nos alimenta hoy a nosotras?

¿Qué plantas, animales y personas
pasarán después de que lo hagamos nosotras?

¿Quién llevará flores a nuestros muertos
cuando seamos los muertos de otros muertos?

¿Cuánta vida verán aún estas piedras
que hoy albergan esta casa nuestra?

Invisibles

Invisibles

NUSOTRAS

No entiendo cómo fuo
que pasemos d'estar diosas
—simbolos d'a fertilidat—
a dixar-nos invisibilizar
por un zarpau d'idiotas.

NOSOTRAS

No entiendo cómo fue
que pasamos de ser diosas
—símbolos de la fertilidad—
a dejarnos invisibilizar
por un puñado de idiotas.

AS MANS

As mans plenas de sangre.
A sudor escorrendo-les en a frent.
Os chilos de l'animal que de l'esmo s'apropian
O mal que nos traye a vida...

As albadas en o prau que dispiertan o campo.
O cuallo que convierte a leit en queso.
As voces d'os polinizadors que se funden con as simients,
que s'encospinan en a lana d'as ovellas.

As mans plenas de tierra.
O pelello que sufre os rayos de sol.
Os tomates, pimientos, ensaladas,
que no creixen solos...

A casa que no atura.
O soniu constant d'os platos, d'as cenas, d'os ninos, d'a escoba
encorrendo a o badil.
Sinyals de ropa bandiando en o balcón
mientras se siente l'himno de saludos nuestros de cada día.

As bocas que charran sin saber.
Os uellos tapaus que no veyen,
que ignoran que iste mundo se sustién
porque lo amparan os huembros de muitas mullers.

LAS MANOS

Las manos llenas de sangre.
El sudor escurriéndoles en la frente.
Los gritos del animal que del alma se apropian.
El dolor que nos trae la vida...

Las alboradas en el prado que despiertan al campo.
El cuajo que convierte la leche en queso.
Las voces de los polinizadores que se funden con las semillas,
que se enmarañan en la lana de las ovejas.

Las manos llenas de tierra.
La piel que sufre los rayos del sol.
Los tomates, pimientos, lechugas,
que no crecen solos...

La casa que no para.
El sonido constante de los platos, de las cenas, de los niños, de la
/escoba
persiguiendo al recogedor.
Banderas de ropa ondeando en el balcón
mientras se escucha el himno de saludos nuestros de cada día.

Las bocas que hablan sin saber.
Los ojos tapados que no ven,
que ignoran que este mundo se sostiene
porque lo apoyan los hombros de muchas mujeres.

A PASTORA

Uns didos son bordando flors,
con estambres, cáliz y anteras,
con o filo de luz de sol
que esnaviesa por a finestra.

Son os didos d'una sinyora
que torna en obra d'arte a fuerza
d'a enerchía d'o suyo esmo
que emana d'o magma d'a tierra.

Con cada puntada ella cuse
un camín en iste planeta
y con cada parola suya
se plena l'amplo ciel d'estrelas.

Cuan no ye en casa, ye en o campo
cautivando nuevas praderas
con as flors que ella mesma borda,
filando colors n'a tierreta.

D'a suya voz naixen paxaros
que piulan con a bordedera,
cantan chuntos viellas albadas
que s'enreligan n'a ciercera.

A canción que eslampa ta l'aire,
que ye una xota aragonesa,
diz que o día que yo me muera
que me cante a viella olivera.

LA PASTORA[4]

Unos dedos que bordan flores,
con estambres, cáliz y anteras,
con el hilo de luz de sol
que por la ventana atraviesa.

Son los dedos de una señora
que convierte en arte la fuerza
de la energía de su alma
que emana del magma en la tierra.

Con cada puntada ella cose
un camino en este planeta
y con cada palabra suya
se llena el gran cielo de estrellas.

Si no está en casa, está en el campo
cultivando nuevas praderas
con esas flores que ella borda,
hilando color en la tierra.

De su voz van naciendo pájaros
que pían con la bordadora
cantan juntos antiguas coplas
que con el cierzo se alborotan.

La canción que se escapa al aire,
que es una jota aragonesa,

---

[4] En la traducción de este poema se ha priorizado conservar la rima y la métrica, y aunque se conserva el sentido del poema original, no es una traducción exacta del aragonés, sino aproximada.

Meyo amagada entre carrascas
fa que floreixca l'almendrera,
muye a leit d'as suyas crabetas,
chenera polen t'as abellas.

Antes que no plegue l'hibierno
se'n irá a escar fusta t'as selvas
con o ritmo d'os animals
pisará con respeto as piedras.

Y una pastora fa país
—paisache, casa, ecosistema—
ixamenando flors y fauna
con l'andar d'as suyas ovellas.

N'a tierra an que os espantabroixas
brilan en cada chaminera.
En a patria en a que as gardinchas
protechen firmes cada puerta.

dice que el día me muera
que a mí me cante la olivera[5].

Medio escondida en las encinas
hace que el almendro florezca,
ordeña a sus cabras la leche,
brinda polen a las abejas.

Antes de que el invierno llegue
se irá al bosque a buscar madera
al ritmo de los animales
pisará con calma las piedras.

Y una pastora hace país
—paisaje, casa, ecosistema—
esparciendo flores y fauna
con el andar de sus ovejas.

En donde los espantabrujas
brillan en cada chimenea.
En la patria donde carlinas
protegen firmes cada puerta.

---

[5] Se ha conservado la palabra aragonesa, *olivera*, en vez de la voz en castellano, *olivo*, ya que en la jota a la que hace referencia el verso, *Pulida magallonera*, se emplea el vocablo aragonés, *olivera*.

NUSOTRAS SOMOS SIMIENT

Nusotras tamién somos indias,
invocando a la plevia,
adorando a lo sol
gomecando parolas que s'achuntan fendo poemas.

Nusotras tamién somos broixas
curando-nos con a cocedura d'o barrabón,
fendo roldes en luengas vernaclas,
parando recetas que heredemos d'as nuestras goletas.

Nusotras tamién somos fillas
d'ista tierra polida,
dura y salvache[1]

Nusotras tamién somos mais
d'iste terreno ixuto
d'iste universo yermo.

Nusotras tamién somos nativas
d'ista mesma tierreta.

Nusotras tamién seremos tierra,
seremos abono, seremos birolla.

Nusotras tamién somos
fogaril,
paisache.

Nusotras somos simient.

---

[1] Traducción propia de "de esta tierra hermosa, dura y salvaje" d'a canción "Me dicen que no quieres" de José Antonio Labordeta.

NOSOTRAS SOMOS SEMILLA

Nosotras también somos indias,
invocando a la lluvia,
adorando al sol
vomitando palabras que se juntan haciendo poemas.

Nosotras también somos brujas
cuidándonos con la decocción del aberón,
haciendo aquelarres en lenguas vernáculas,
preparando recetas que heredamos de nuestras abuelas.

Nosotras también somos hijas
de esta tierra hermosa,
dura y salvaje[6].

Nosotras también somos madres
de este terreno seco
de este universo yermo.

Nosotras también somos nativas
de esta misma tierra.

Nosotras también seremos suelo,
seremos abono, seremos alimento.

Nosotras también somos
hogar,
paisaje.

Nosotras somos semilla.

---

[6] Referencia a la canción "Me dicen que no quieres" de José Antonio Labordeta.

O colapso

El colapso

O CANTO D'A PLEVIA

Estió mientras una primavera austral.
No sabría ya decir si estió real
u si fuo un viache a un soneo...

Remero una nueit plena de cuquetas de luz
que marcaban o camín
como en un cuento de fadas.
Os uellos d'os monos en a escureldat
mirando-se-nos en una tierra indomita,
plena de traquetius.

Pero talment,
en ixe mundo de bufalos, sirpients, crocodilos,
pumas, jochis, loros y quirquinchos,
a machia que m'embroixó estió o canto d'os tucans.

A suya silueta
en a tuca d'a selva.

Entre o gran liviano d'o mundo
un ser tan chicorrón
aturando a tierra
con o suyo pico,
con as suyas colors
con a suya voz...
D'entre tanto incendio,
tanta soya,
tanta fusta
y tanta desolación...

EL CANTO DE LA LLUVIA

Fue durante una primavera austral.
No sabría decir si fue real
o si fue un viaje a un sueño...

Recuerdo una noche llena de luciérnagas
que indicaban el camino
como en un cuento de hadas.
Los ojos de los monos en la oscuridad
mirándonos en una tierra indómita,
llena de latidos.

Pero quizás,
en ese mundo de búfalos, serpientes, cocodrilos,
pumas, jochis, loros y armadillos,
la magia que me embrujó fue el canto de los tucanes.

Su silueta
en la cima de la selva.

En el gran pulmón del mundo
un ser tan diminuto
parando la tierra
con su pico,
con sus alas de colores
con su voz...
Entre tanto incendio,
tanta soja,
tanta madera
y tanta desolación...

Me pregunto si tu,
bel día,
tamién sentirás a os tucans
anunciando,
con o suyo canto,
a plevia.

Me pregunto si tú,
algún día,
también oirás a los tucanes
anunciando,
con su canto,
la lluvia.

NO DIXES QUE ISTE LUGAR SE TORNE ENRUNAS

No dixes que iste lugar se torne enrunas,
A lo menos no mientras tu vivas.

Un día vesitaremos os lugars d'os nuestros debantpasaus.
Navatiaremos, en silencio,
por os ricuerdos colectivos.
Y con un ramo de violetas
les diremos que no teman
que os suyos lugars no cayerán en o xubliu.

Pero tu no dixes, filla mía
que iste lugar se quede sin vida.
Que ista casa tan polida,
con marcas d'anyos buenos y malos en as piedras,
que tien gravada a sudor en a fusta
de qui se dixó aquí a enerchía
antes que no nusotras.

No dixes que ista borda s'espalde,
como s'espaldoron antes tantas
y con ellas cheneracions de mans sobre mans
y toda una cultura
de plantas, recetas, cuentos, bestiar, albadas, besos, tristuras y risos.

Porque ista casa custodia l'eco d'os tuyos primers ploros
d'os tuyos primers traquitos
d'os tuyos primers trangos.
L'asperanza de futuro
d'iste lugar tranquilo.

No dixes que iste lugar se torne enrunas.

NO DEJES QUE ESTE PUEBLO SE CONVIERTA EN RUINAS

No dejes que este pueblo se convierta en ruinas.
Por lo menos no mientras tú vivas.

Un día visitaremos los lugares de nuestros antepasados.
Navegaremos en silencio,
por los recuerdos colectivos.
Y con un ramo de violetas
les diremos que no teman
que sus pueblos no caerán en el olvido.

Pero tú no dejes, hija mía,
que este lugar se quede sin vida.
Que esta casa tan hermosa,
con marcas de años buenos y malos en las piedras,
que tiene grabado el sudor en la madera
de quien se dejó aquí la energía
antes que nosotras.

No dejes que esta casa se caiga,
como se cayeron antes tantas
y con ellas generaciones de manos sobre manos
y toda una cultura
de plantas, recetas, cuentos, ganado, alboradas, besos, tristezas y risas.

Porque esta casa custodia el eco de tus primeros llantos
de tus primeros latidos
de tus primeros pasos.
La esperanza de futuro
de este lugar tranquilo.

No dejes que este pueblo se convierta en ruinas.

PAISACHES PERDIUS

Un rabanyo d'ovellas baixando ta Tierra Plana,
una postal en color, d'una historia en blanco y negro:
la d'o respeto a o territorio,
la de seguir os ciclos naturals,
la d'unas vidas que lo daban tot por una casa...
Una casa que probablement hue siga espaldada...
Os treballos a ixena, a vecinal, a comunal.
A historia d'un chardín iberico
cosirau por pastors y ramadas,
un paradiso de flors que curaban.
Un universo chicot custodiau por o vuelo d'os cluxiuesos.
Un mundo de lupos, onsos, leyendas y chamineras.

Pero en istos tiempos d'imperios industrials
a estampa resulta rara:
sin fer servir o petrolio, ni soya importada,
istas ovellas, amás, ixamenan simients por an que pasan.
En a suya lana s'encospinan os secretos
d'a medecina popular pirinenca.
Y dende Echo ta l'Ebro
han regau de cospins
toda la tierra que aman.

Cuan a simient creixe y se torna planta,
cuan pasan dos anyos en mostrar as suyas flors,
en cada val preparan o suyo ritual medecinal,
buscarán as fuellas,
frutos, radiz
d'a cospinera
y ferán cataplasmas pa curar

PAISAJES PERDIDOS

Un rebaño de ovejas bajando a la Tierra Llana,
una postal en color, de una historia en blanco y negro:
la del respeto al territorio,
la de seguir los ciclos naturales,
la de unas vidas que daban todo por una casa…
Una casa que probablemente hoy esté caída…
Los trabajos en cadena, comunalmente.
La historia de un jardín ibérico
cuidado por pastores y rebaños,
un paraíso de flores que curaban.
Un universo pequeño custodiado por el vuelo de los quebrantahuesos.
Un mundo de lobos, osos, leyendas y chimeneas.

Pero en estos tiempos de imperios industriales
la estampa resulta rara:
sin usar el petróleo, ni soja importada,
estas ovejas, además, siembran semillas por donde pasan.
En su lana se enredan los secretos
de la medicina popular pirenaica.
Y desde Hecho al Ebro
ha regado de cadillos
toda la tierra que aman.

Cuando la semilla crece y se convierte en planta,
cuando tras dos años muestran sus flores,
en cada valle preparan su ritual medicinal,
buscarán las hojas,
frutos, raíz,
del lampazo
y harán cataplasma para curar

ruma y ulceras,
ungüentos con manteca
pa os colicos.
Aplicarán as fuellas en as feridas
y en a cabeza d'os ninos
pa baixar a calentura.
Y bi habrá qui faiga bullir a radiz
y vertindo l'augua sobre a cabeza
mirará de salvar a inevitable cayida d'o pel...

Istos secretos de lolas,
antesmás clamadas broixas,
disparixen igual como lo fan as ovellas,
y os camíns que forman as cabanyeras,
cinga lanzanga, en silencio,
como mueren as parolas en ista luenga.

China chana disparixerán as plantas,
as radices,
a nuestra cultura...

Con cada parola perdida,
perdemos tamién un paisache.

reúma y úlceras,
ungüentos con manteca
para los cólicos
Aplicarán las hojas en las heridas
y en la cabeza de los niños
para bajar las fiebres.
Y habrá quien cocerá la raíz
y vertiendo agua sobre la cabeza
intentará salvar la inevitable caída del pelo...

Estos secretos de abuelas,
en otro tiempo llamadas brujas,
desaparecen igual que lo hacen las ovejas
y los caminos que forman las veredas,
poco a poco, en silencio,
igual que mueren las palabras en esta lengua.

Poco a poco desaparecerán las plantas,
las raíces,
nuestra cultura...

Con cada palabra perdida,
perdemos también un paisaje.

CUAN O MUNDO COLAPSE

Qué pasará cuan o mundo colapse?
Cuan no queden simients locals y libres que nos den de minchar,
cuan no bi haiga campos en os que cautivar a tierra,
cuan toz os acuifers sigan contaminaus por nitratos...

Cuan no sepamos fer fusta,
ni remeyos con as plantas medecinals...

Qué feremos cuan no bi haiga petrolio
pa mover os autos,
pa obtener plastico...

Qué feremos cuan a birolla dixe de creixer en os supermercaus,
cuan as ciudaz colapsen y no bi haiga lugars
porque convirtioron o medio rural en un desierto de
                                    /macroproyectos,
en o reposte enerchetico,
en una gran factoría porcina...

Qué feremos cuan plegue o colapso?

CUANDO EL MUNDO COLAPSE

¿Qué pasará cuando el mundo colapse?
Cuando no queden semillas locales y libres que nos den de comer,
cuando no haya campos en los que cultivar la tierra,
cuando todos los acuíferos estén contaminados por nitratos...

Cuando no sepamos hacer leña,
ni remedios con las plantas medicinales...

Qué haremos cuando no haya petróleo
para mover los coches,
para obtener plástico...

Qué haremos cuando los alimentos dejen de crecer en los
                                        /supermercados,
cuando las ciudades colapsen y no haya pueblos
porque convirtieron el medio rural en un desierto de
                                        /macroproyectos,
en la despensa energética,
en una gran fábrica porcina...

¿Qué haremos cuando llegue el colapso?

Iste libro se rematό d'imprentar
en os tallers graficos de Copy Center,
o día 7 de marzo a vispra d'o Día d'a Muller